侦查逻辑办案研究丛书

# 案说

## 民营企业法律风险

### 民事篇

柴学友　李卫国　刘小勤　等著

法律出版社
LAW PRESS · CHINA

# 《案说民营企业法律风险》丛书编委会

**薛江武**

华东政法学院法律本科毕业，管理学博士。安徽省人民检察院党组书记、检察长，二级大检察官。十届、十二届、十三届全国人大代表。首届全国审判业务专家。华东政法大学、安徽大学兼职教授，南昌大学、江西财经大学硕士研究生导师。从事司法工作三十余年，具有深厚的法学理论功底、丰富的法检领导和司法实践经验，多篇学术论文获省级、国家级表彰，出版专著四部，主持完成国家级理论研究课题三项。

编委会主任简介

**柴学友**

安徽宿松县人，曾任安徽省池州市人民检察院检察长、安徽省人民检察院党组成员、检察委员会专职委员、机关党委书记、正厅级巡视员，国家一级高级检察官。现为中国法律逻辑专业委员会副会长、安徽省侦查逻辑办案研究会会长、中国人民大学反腐败法治研究中心研究员，中国政法大学研究生院硕士研究生兼职导师，中央民族大学法学院、安徽师范大学兼职教授。独著、合著出版著作六部。主持完成最高人民检察院课题三项。

# 再为镜鉴

在繁花似锦的春末夏初之际，安徽省侦查逻辑办案研究会编撰的系列丛书《案说民营企业法律风险》之民事篇与大家见面了，该书既是民营企业家的法律宝典，也是民营企业家的营养大餐。

没记错的话，《案说民营企业法律风险》之刑事篇，出版发行距今已有一年半，在这一年半的时间里，社会反响热烈、广受好评，目前已连续第三次印刷。北京大学、中国人民大学、南京大学、重庆大学、东南大学、暨南大学、西安交通大学等百所高校图书馆将其作为专著收藏，中央电视台、中央人民广播电台、法制日报、检察日报等多家新闻媒体对该书进行了报道。

近年来，我国民营经济营商环境继续改善，民营经济数量规模不断壮大，民营经济社会贡献日益突出。2018 年 11 月 1 日，习近平总书记在民营企业座谈会上指出，民营经济已经成为推动我国发展不可或缺的力量，为我国社会主义市场经济发展、政府职能转变、农村富余劳动力转移、国际市场开拓等发挥了重要作用，强调要毫不动摇鼓励支持引导非公有制经济发展，支持民营企业发展并走向更加广阔舞台。今年 4 月 7 日，中共中央办公厅、国务院办公厅印发《关于促进中小企业健康发展的指导意见》，体现了党中央、国务院对中小企业发展的高度重视，民营经济再迎空前大发展的美好春天。

民营企业的春天虽然来了，但同时也应看到，民营企业市场化程度高、风险大，既有市场竞争带来的风险，还有人为因素导致的法律风险；既有因犯罪行为承担刑事责任的风险，还有因违反法定或约定义务而承担民事责任的风险，可以说民事风险伴随民营企业的一生，风险无处不在。在我国民法典颁布前，研究会提前编撰了这本普法小册子，率先在民营企业中吹响风控的号角，无疑是利国利民的大好事。

《案说民营企业法律风险（民事篇）》围绕民事活动，专门为民营企业家和员工量身定做，为其防范风险，指点迷津。它与刑事篇一样，不是恢宏深奥的法典，也不是威严说教的专著，它以漫画形式出现，以案说法，平易可近，通过故事设置和问答形式，对民营企业经营活动中的合同、物权变动等十个方面民事行为作出简明科学而又全面的辨析，插图幽默生动警喻，语言平白浅易规范，内容选取典型常见，是广大民营企业经营者、从业者了解法律知识、规范经营行为、规避法律风险的最佳助手。

雄关漫道真如铁，而今迈步从头越。《案说民营企业法律风险（民事篇）》心系民企、情为民企、法护民企、服务民企，走出了一条可复制、可借鉴、可传颂的普法之路。也希望更多的企业家，尤其是小微企业主深拥并细研此书，学习知晓，引以为戒，自律自省，不蹈覆辙。

若如此，我想，这便是此书之幸，编者之幸，读者之幸。

中国政法大学副校长、教授、博士生导师

二〇一九年五月十日

# 目录

## 第九章　消费者权益保护法律风险



## 第十章　票据行为法律风险

# 第一章 合同法律风险

## 新天公司与聚金小贷公司借款合同纠纷案

新天房产公司因经营急缺资金，向聚金小贷公司借款300万元，约定借款期限一年，月利率2%。聚金小贷公司在预先扣除一年利息后，实际交付给新天公司228万元。一年后，新天公司未按期偿还借款，聚金小贷公司遂诉至法院，要求新天公司偿还本金300万元及利息。法院认为聚金小贷公司预先在本金中扣除利息，应当按实际出借的金额认定本金，判决新天公司偿还本金228万元及利息（按月息2%计算）。

典型案例

什么是合同？
合同是平等主体的自然人、法人和其他组织之间设立、变更、终止民事权利义务关系的合意，也就是通常所说的协议。

合同中要写哪些内容?
合同的内容
合同的内容一般包括：
（1）当事人的名称（或姓名）和住所；
（2）标的（权利义务的内容）；
（3）数量；
（4）质量；
（5）价款或者报酬；
（6）履行期限、地点和方式；
（7）违约责任；
（8）解决争议的方法。
其中当事人名称（或姓名）和住所、标的、数量是合同的必备条款，缺少了这些必备条款，合同就不能成立。
必备条款

老李，怎么愁眉苦脸的?
在闹离婚，几套房子要作为共同财产分割。

这好办！你现在把房子全部低价转让给我，你离婚后我再还给你。
好主意。
根据《合同法》第五十二条的规定，这样的合同属于“恶意串通，损害国家、集体或者第三人利益”，合同无效。另外，一方以欺诈、胁迫的手段订立合同，损害国家利益；以合法形式掩盖非法目的；损害社会公共利益；违反法律、行政法规的强制性规定等情形的合同，都是无效的。

李总啊，你说的合同条款我都同意，下周一我们在上海把合同签了，可以吗？
合同条款
好的。那就在我们上次开会的地方签。

张总，不是约好了今天在上海签合同吗？没见你人啊。
哦，我忘了告诉你，签订地点改在北京了。
在合同订立过程中，若违背诚实信用原则，使另一方当事人遭受利益损失，应当赔偿。法律上把这个称为“缔约过失责任”。

约好的今天必须将10000 套成衣做好交给我们，怎么到现在还没收到?
厂里资金紧张，工人都不愿意多干活，今天肯定交不了。
XX制衣厂
生产合同

那你们得承担
违约责任。
XX制衣厂
生产合同

合同当事人一方不履行合同约定的义务，应该向对方承担继续履行、赔偿损失、支付违约金等违约责任。
违约责任
继续履行
赔偿损失
支付违约金
生产合同
违约方
另一方

借款合同是借款人向贷款人借款，到期返还借款并支付利息的合同。
借款合同
借款合同

合同约好的我借 20 万元给你，但现在我凑不了这么多，没办法借给你了。
怎么又不借了？我要告你违约。
这种说法不对，自然人间的借款合同必须实际交付钱款才生效。没交付钱款，合同就未生效，也就谈不上违约了。
借款合同
不生效

你借款月息两分五，太高了吧？
老伙计，就按两分算吧。

借款年利率最高不能超过36%（月息三分），超过部分的利息约定无效；年利率24%以内（月息两分）受到法律保护；24%~36%之间已经支付的利息，无须返还。

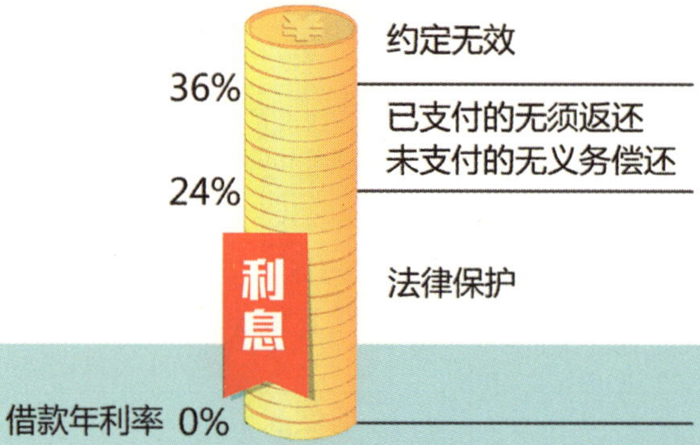

被告必须还我 20 万元本金和利息。
虽然约定是借 20 万元，但他只给了我 18 万元，那 2 万元是他要求预先扣除的一年利息。
借款的利息不得预先在本金中扣除。预先在本金中扣除的，应当按实际借款金额认定本金并计算利息，所以只能按 18 万元的本金计算。
原告
被告

什么是买卖合同?
买卖合同是出卖人转移标的物的所有权于买受人，买受人支付价款的合同。
王律师

你卖给我的二手车意外被烧了，由于车子还没过户，这个车钱我就不付给你了。
那不行，虽然没过户，但车子已经给你了。
如果合同没有特别约定，买卖合同涉及的物的风险自货物交付时转移给买方。

上个月我公司买了一批货，说好的验货期是15日，但由于工作疏忽没及时验货，前两天才发现货物有问题，我们该怎么办?
约定检验期间的，买受人未在期限内通知的，视为标的物的数量或者质量符合约定。
律师事务所
赵律师

什么是租赁合同?
租赁合同是出租人将租赁物交付承租人使用、收益，承租人支付租金的合同。
汪律师

年年签合同太麻烦，要不一次签个30年租期吧？
好啊，这样省事。
法律规定，租赁期限最长不得超过20年。超过20年的，超过部分无效。
房屋租赁合同
房屋租赁合同

那干脆就不签书面合同啦，租到啥时候算啥时候?
这样风险更大。租赁期限六个月以上的，应当采用书面形式，未采用书面形式的，视为不定期租赁。承租人可随时解除合同，出租人在给对方合理期限的情况下也可随时解除合同。
汪律师

听说你已经把门面房卖给别人了，但我的租赁时间还没到，怎么办?
你去问买房子的人，他如果要你搬走我也没办法。

根据《合同法》的规定，租赁物在租赁期间发生所有权变动的，不影响租赁合同的效力。你可以正常使用到租赁期限结束，这叫“买卖不破租赁”。另外，出卖房屋应该提前通知，承租人在同等条件下可优先购买。
买卖不破租赁
中华人民共和国
合同法
注释本

什么是赠与合同?
赠与合同是赠与人将自己的财产无偿给予受赠人，受赠人表示接受赠与的合同。
赠与合同

张总，基金会来电话了，要我们把500万元转过去。
什么500万元？我当时随便说说，又没签合同。
我们公司决定向灾区捐款500万元。
赈灾义演

一般的赠与，赠与人在赠与财产的权利转移前可以撤销赠与；但具有救灾、扶贫等社会公益、道德义务性质的赠与或者经过公证的赠与合同，不得撤销。

什么是委托合同?
委托合同是委托人和受托人约定，由受托人处理委托人事务的合同。
律师事务所

小王，张三委托我到外地采购一批钢材，这两天我特别忙，你去帮张三采购吧？
交给我你放心。

李四啊，请你帮忙买的钢材怎么都是劣质的？
这个不怨我，是小王买的。

受托人没有经过委托人同意，将委托事务转委托给第三人的，受托人要对第三人的行为承担责任，但在紧急情况下受托人为维护委托人的利益需要转委托的除外。李四转委托没有经过张三事前同意，李四应承担相应的损失。
委托
转托
委托人
受托人
第三人

若我委托后发现对方不适合，我该怎么办?
委托合同的双方当事人可以随时解除委托。如果解除合同给对方造成损失，应当赔偿，除非损失不可归责于该当事人。

受托人在处理事务时造成损失要不要赔偿?
如果是有偿办事，受托人因为过错给委托人造成损失的，委托人可以要求赔偿；如果是无偿办事，因受托人故意或者重大过失给委托人造成损失的，委托人可以要求赔偿损失。

## 风险防范警示

1. 订立合同时要认真审查合同条款，必需的合同条款不能缺少，关键性事项要本着诚实守信原则约定清楚，以免日后产生纠纷。

2. 对于各类具体合同，要结合该类合同的独有特点，依法及时履行，遇到纠纷可以通过协商、调解、仲裁、诉讼等方式解决。

# 第二章 物权变动法律风险

## A公司与B公司土地使用权、房屋所有权转让纠纷案

A公司与B公司订立甲合同，约定A公司以B公司名义购买龙王塘办事处的土地使用权和房屋，购买所产生的权利义务均由A公司承担，日后B公司无条件协助办理不动产过户手续。同日，龙王塘办事处与B公司签订乙合同，约定龙王塘办事处将上述土地、房屋转让给B公司。合同签订后，龙王塘办事处将土地使用权和房屋所有权过户登记至B公司名下。后A公司要求B公司协助办理过户，遭到拒绝。A公司遂诉至法院，请求确认其为土地使用权人和房屋所有权人。法院认为房屋登记在B公司名下，A公司与B公司之间系基于甲合同产生的债权债务关系，A公司尚未取得土地使用权和房屋所有权，故驳回A公司的诉请。

我想扩大企业的生产经营规模，但现在的厂房、设备都不够用。
那就看看有没有合适的企业准备把财产整体出让，你把厂房用地、机器设备、办公用品一并买下来不就行了。

# 什么是物权？

在我国，上述厂房用地、机器设备、办公用品等都属于物的范畴。物权是指权利人对特定的物享有直接支配和排他的权利，包括所有权、用益物权（如建设用地使用权、土地承包经营权、采矿权等）和担保物权（抵押权、质押权、留置权等）。

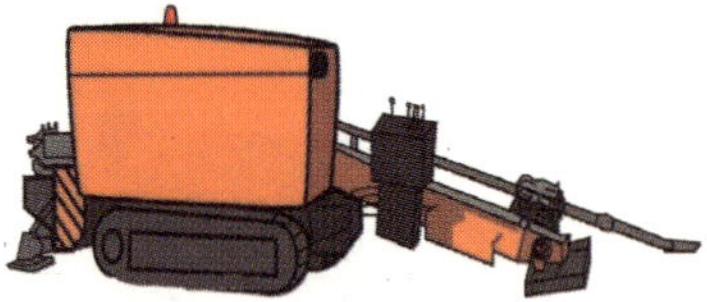

听说A厂想迁到别处去，厂房、用地、机器、车辆，还有办公用品什么的都准备变现处理，你要不要联系一下？
正有这个想法。

# 什么是不动产、动产？

在我国，物包括不动产和动产，不动产主要包括土地、建筑物、矿产资源、尚未被砍伐的林木等。其他能够移动且不至于影响其价值的物，是动产。

张总，我买你的汽车，现在合同也签了，汽车我也拿到了，你看什么时间去过户？
给你不就行了，哪有时间去过户呀。不登记不会有什么关系的。

# 动产变动要注意什么？

动产物权的设立和转让，自交付时发生效力，登记不是必须的；但船舶、航空器和机动车等特殊的动产，如果没登记，一旦第三人主张权利，风险比较大。

注意风险！

李总，我们公司想买一块土地，但有一些特殊情况，能不能先以你们公司的名义购买?
没问题，但费用你们自己承担。

以他人名义购买不动产，如不动产登记在他人名下而非实际购买人名下，实际购买人因未进行不动产所有权登记，其购买行为存在风险。

不动产物权的设立、变更、转让和消灭，经依法登记才发生效力；除非该不动产物权系经过法院裁判、继承、受遗赠等方式取得。

厂长办公室
李总，听说你们厂准备把企业财产整体转让？
是的，设备都是新的，厂房很好，厂区土地面积大，整体购买很划算。

厂长办公室
那块土地那么大，还有那么多厂房，价格应该很高吧？
价格很优惠，主要是因为那块地现在是划拨地。

厂长办公室
划拨地转让没问题吗？
合同签订后，我们一定会配合办理出让手续的，肯定没问题。

建设用地使用权可以通过出让或者划拨方式取得。建设用地使用权系以划拨方式取得的，如果要转让房地产，须报有批准权的政府审批；受让方办理土地使用权出让手续，并交纳出让金。
转让方
政府审批
建设用地
受让方
出让金
土地使用权
出让
手续

庆祝联合采矿集团成立
庆祝联合采矿集团成立
庆祝联合采矿集团成立
联合　矿集团
推

企业成立了，我们解决了资金不足的问题。
我们以前苦于没有采矿权，这下好了，双赢啊！

# 采矿权转让注意事项

合资经营并不能当然取得采矿权，采矿权主体的变更，应当经依法批准。

法律规定，转让采矿权，应当具备下列条件：

（1）矿山企业投入采矿生产满1年；

（2）采矿权属无争议；

（3）按照国家有关规定已缴纳采矿权使用费、采矿权价款、矿产资源补偿费和资源税；

（4）国务院地质矿产主管部门规定的其他条件。

国有矿山企业在申请转让采矿权前，应当征得矿山企业主管部门的同意。

关于林业经营需要注意哪些问题?
对于林业经营企业来说，林地使用权就很重要。
汪律师

林地使用权转让注意事项
用材林、经济林、薪炭林以及国务院规定的其他森林、林木和其他林地的林地使用权可以转让，包括出资、作价入股等，其他林地使用权不得转让。以上述林地使用权转让、出资、作价入股等，已经取得的林木采伐许可证可以同时转让。

## 风险防范警示

1 不动产物权的设立、变动及将不动产抵押必须经过登记才生效，实践中要及时到相关机关登记。

2 动产物权的变动一般以交付为标志，但船舶、汽车等特殊动产，在物权变动或设置抵押权时如果没有登记，遇第三人主张权利时可能会存在风险。

# 第三章 侵权行为法律风险

## 刘某履行职务过程中发生交通事故造成他人损害案

某日，刘某驾驶某公司所有的小货车在送货途中与张某某驾驶的电动自行车相撞，致使电动自行车损坏，张某某受伤。事故经公安交通管理部门认定，刘某负事故全部责任。故张某某起诉要求刘某、某公司、保险公司赔偿医疗费、误工费、车辆修理费等各项损失5万余元。法院经审理认为，此次交通事故虽经公安交通管理部门出具的《交通事故责任认定书》认定刘某负全部责任，但刘某是某公司员工，事故发生时系履行职务行为，故应由某公司对张某某的损失中超出交强险限额的部分承担赔偿责任。

典型案例

什么是
侵权行为啊？
侵权行为是指行为人由于过错侵害他人人身、财产和其他合法权益，依法应承担民事责任的不法行为，以及依照法律特殊规定应当承担民事责任的其他侵害行为。
W.C
广场

哪些民事权益受法律保护？
根据《侵权责任法》第二条的规定，受法律保护的民事权益包括生命权、健康权、姓名权、名誉权、荣誉权、肖像权、隐私权、婚姻自主权、监护权、所有权、用益物权、担保物权、著作权、专利权、商标专用权、发现权、股权、继承权等人身、财产权益。
权

我公司的房子被租客强占，催要不还，工作人员还被打伤，我想去法院告他，可以要求他怎么做？
你可以请求对方：停止侵害、排除妨碍、返还财产、赔偿损失等。既可以提出其中一个要求，也可以同时提几个要求，看你想达到什么效果了。
根据《侵权责任法》第十五条的规定，承担侵权责任的方式主要有：停止侵害、排除妨碍、消除危险、返还财产、恢复原状、赔偿损失、赔礼道歉、消除影响、恢复名誉。以上承担侵权责任的方式，可以单独适用，也可以合并适用。

根据《侵权责任法》的规定，人身损害赔偿包括：医疗费、护理费、交通费等为治疗和康复支出的合理费用，以及因误工减少的收入；残疾生活辅助器具费和残疾赔偿金；丧葬费和死亡赔偿金。财产损失按照损失发生时的市场价格或者其他方式计算。造成严重精神损害的，可以请求精神损害赔偿。

你开车撞伤了我，
你要赔我医药费等
损失。
货 车
我是给公司开车送
货时撞到你的，你
应该找公司。

《侵权责任法》第三十四条规定：用人单位的工作人员因执行工作任务造成他人损害的，由用人单位承担侵权责任。劳务派遣期间，被派遣的工作人员因执行工作任务造成他人损害的，由接受劳务派遣的用工单位承担侵权责任；劳务派遣单位有过错的，承担相应的补充责任。

小刘打了人，我们单位怎么成了被告?
一般的侵权，谁侵权了就由谁承担责任。单位侵权属特殊侵权，虽是由工作人员造成的，但因他是在执行工作任务，就应该由法人承担责任。

如果小刘是我单位临时聘用人员，也算单位工作人员吗?
与单位有劳动合同关系或雇佣关系的人均为该单位员工。
如果小刘是因自身的过错致人损害，也由单位承担责任吗?
单位承担责任后，有权向直接侵权的人进行追偿。
侵权责任的承担方式

《侵权责任法》规定，被侵权人对损害的发生也有过错的，可以减轻侵权人的责任；损害是因受害人故意造成的，行为人不承担责任；损害是由第三人造成的，第三人应当承担侵权责任；因不可抗力造成他人损害的，不承担责任。因正当防卫造成损害的，不承担责任。正当防卫超过必要的限度，造成不应有的损害的，正当防卫人应当承担适当的责任。因紧急避险造成损害的，由引起险情发生的人承担责任。

小李，商场从啤酒厂购进200箱啤酒，已经送到楼下了，你带人去搬上来。
好的，这就去。

pang!!
陈律师，前段时间啤酒瓶爆炸的事，造成我单位几个员工受伤，医疗费花了不少，这个啤酒厂要赔偿吗？
如果是啤酒瓶质量问题，他们应该赔偿。
陈律师

如果他们不承认是
质量问题,咋办呢?
啤酒厂必须拿出证据
说明啤酒瓶爆炸不是
质量问题造成的。
陈律师

因产品存在缺陷造成他人损害的，生产者应当承担侵权责任。此类侵权诉讼，由产品的生产者就法律规定的免责事由承担举证责任。

大家想想办法，看看这个污水管道放在什么地方合适?
化工厂的附近有一片树林，附近人烟稀少，排水管道放在那儿比较好。
这个主意好。
好。
会议室

杨主任，你们厂工业废水直接排到我的林场，树木全死光了，你们要赔偿我的损失。
口说无凭，如果真是我们厂的问题，我们是不会推卸责任的，咱们得凭证据说话。

因污染环境发生纠纷，污染者应当就法律规定的不承担责任或者减轻责任的情形及其行为与损害之间不存在因果关系承担举证责任。
我得找个律师问问怎么办才好。

别人树木死了，到法院告我们，说是我们厂排放的污水导致的，法院还要求我们举证说明原因，这是怎么回事？
法律是这样规定的，环境污染侵权案件中，你们应当证明排放行为与林场树木死亡之间没有因果关系。
举证通知书
汪律师

xxx律师事务所
我的家人被某建筑企业工地上倒塌的墙砸伤了，我应该找谁赔偿？
一般情况下可以找企业，如果是第三人造成的，可以找这个人。

我的家人被你们的墙砸了，你们必须负责。
我们也没办法呀，我单位墙本来好好的，前几天被一辆车子撞了一下，昨天又下大雨，墙才倒的。

建筑物、构筑物或者其他设施倒塌造成他人损害的，由建设单位与施工单位承担连带责任。建设单位、施工单位赔偿后，有其他责任人的，有权向其他责任人追偿。因其他责任人的原因，建筑物、构筑物或者其他设施倒塌造成他人损害的，由其他责任人承担侵权责任。
这次的工程出大事了。

XX饭店
啊！
怎么受伤了?
别提了，昨天去饭店吃饭，饭店大堂里有一摊水，滑倒了，跌伤的。

你没找饭店负责?
我自己跌的，可以找他们吗?

像我这种情况能找饭店负责吗?
如果饭店未尽到安全保障义务，是要负责的。
王律师
《侵权责任法》第三十七条规定：宾馆、商场、银行、车站、娱乐场所等公共场所的管理人或者群众性活动的组织者，未尽到安全保障义务，造成他人损害的，应当承担侵权责任。因第三人的行为造成他人损害的，由第三人承担侵权责任；管理人或者组织者未尽到安全保障义务的，承担相应的补充责任。

王总，你们公司应该赔偿我的钱什么时候给？
你找我有什么用，你找振宇公司去啊。

企业登记查询
振宇公司已经被环球公司兼并了，原来的振宇公司已经注销了。
啊！
查询处

律师你好，振宇公司应该付我赔偿款，但现在公司都不在了，怎么办?
你可以找环球公司。
王律师
《民法总则》第六十七条规定：法人合并的，其权利和义务由合并后的法人享有和承担。法人分立的，其权利和义务由分立后的法人享有连带债权，承担连带债务，但是债权人和债务人另有约定的除外。

## 风险防范警示

1 企业要加强职工安全生产教育，为职工安全生产提供必要的防范措施，防止意外伤害的发生。并依据《社会保险法》为职工缴纳社会保险，在意外伤害发生时，确保受害人能及时得到赔偿，降低企业风险。

2 从事高度危险或高污染性质的企业要加强风险评估，确保环保测评达标，在侵权发生时，要提供相应的证据证明损害结果和侵权行为之间无法律因果关系，否则应承担侵权责任。

# 第四章 担保行为法律风险

## 某银行诉山水公司、大地公司借款纠纷案

2004 年 3 月，山水公司为建度假村向某银行借款 500 万元，以其自有房产（价值 200 万元）设立抵押担保，大地公司在借款合同保证人处盖章。借款到期后，山水公司仅偿还借款 100 万元本息，剩余本息未能依约偿还。

银行诉至法院，要求山水公司归还剩余借款本息，大地公司承担连带责任，并就抵押房产优先受偿。法院审理认为，大地公司未明确保证方式，应视为连带保证。同一债权既有人的担保又有债务人提供的物的担保，债权人应先就物的担保实现债权，不足部分由保证人承担连带责任，遂判决山水公司归还借款本息，银行有权就抵押房产优先受偿，对抵押物折价或拍卖，变卖后不足部分，由大地公司承担连带责任。

典型案例

我朋友的公司想从银行贷款，找我公司担保，请问提供什么样的担保合适？
xxx律师事务所
担保是指在借贷、买卖、货物运输、加工承揽等经济活动中，债权人为保障其债权实现，要求债务人向债权人提供担保的合同。担保方式有五种，保证、抵押、质押、留置和定金，你们可以根据需要选择。
钱律师

如果提供保证的话，是否可行？
xxx律师事务所
可以的，保证有一般保证和连带责任保证两种方式，你们可以根据具体情况选择保证方式。
钱律师

律师事务所
保证的话，担保期限是多久呢?
保证期限有约定的，按约定来；没有约定的，保证期间为主债务履行期满之日起 6 个月。
钱律师

张总，上次说好你们公司对山水公司借款进行担保的，现在山水公司没还钱，你们公司要还我钱。
李总，我们公司提供的是一般保证，你要先找山水公司还钱！

## 一般保证

当事人在保证合同中约定，债务人不能履行债务时，由保证人承担保证责任的，为一般保证。法律规定：一般保证的保证人在主合同纠纷未经审判或者仲裁，并就债务人财产依法强制执行仍不能履行债务前，对债权人可以拒绝承担保证责任。

哪里写一般保证了，你们公司只是在保证人处盖了公章，没写一般保证几个字，凭什么不给钱！
我们也没有写连带保证啊，凭什么先找我们要钱！

连带保证
连带责任保证是指当事人约定由保证人与债务人对债务承担连带责任的一种保证方式。当事人对保证方式没有约定或约定不明确的，按照连带责任保证承担保证责任。
法律规定：连带责任保证的债务人在主合同规定的债务履行期届满没有履行债务的，债权人可以要求债务人履行债务，也可以要求保证人在其保证范围内承担保证责任。
担保人
债务人
连带责任

你好，我们学校想扩大招生，新建一个教学楼，拿我们老教学楼抵押借款，行不行？
您好，不可以。
银行柜台

哦，我自己还有一套个人房产，但最近被法院查封了，用这套房产抵押可以吗?
被法院查封、扣押的财产也不可以。

# 抵押

抵押，是债务人或者第三人不转移对法律规定财产的占有，将该财产作为债权的担保。债务人不履行债务时，债权人有权依照规定以该财产折价或者以拍卖、变卖该财产的价款优先受偿。

根据《物权法》的规定，可以抵押的财产有：建筑物和其他土地附着物；建设用地使用权；以招标、拍卖、公开协商等方式取得的荒地等土地承包经营权；生产设备、原材料、半成品、产品；正在建造的建筑物、船舶、航空器；交通运输工具；法律、行政法规未禁止抵押的其他财产。

不得抵押的财产有：土地所有权；耕地、宅基地、自留地、自留山等集体所有的土地使用权，但法律规定可以抵押的除外；学校、幼儿园、医院等以公益为目的的事业单位、社会团体的教育设施、医疗卫生设施和其他社会公益设施；所有权、使用权不明或者有争议的财产；依法被查封、扣押、监管的财产；法律、行政法规规定不得抵押的其他财产。

李总，借款的事情就说定了，这是我公司房产的钥匙和房产证，交给你，就算抵押了。
不行吧，我听说抵押要登记的。

登记太麻烦了，咱们俩谁跟谁，你还信不过我吗？！
那倒也是。

# 抵押权的设立

根据《物权法》的规定，设立抵押权，当事人应当采取书面形式订立抵押合同。以不动产抵押的，应当办理抵押登记，抵押权自登记时设立。以动产抵押的，抵押权自抵押合同生效时设立，未经登记不得对抗善意第三人。

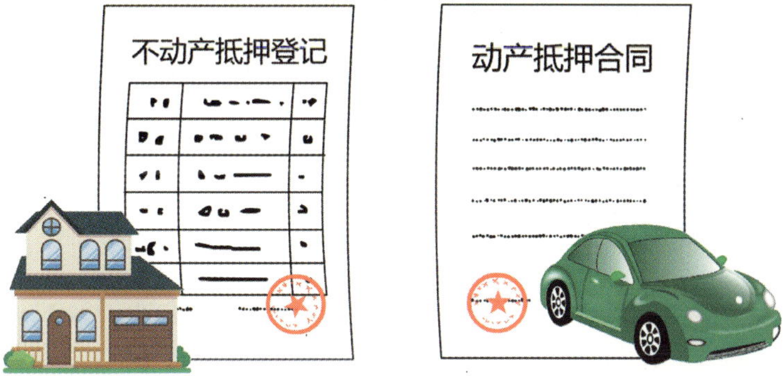

李总，我公司最近资金有点紧张，想先跟贵公司借几百万元资金周转，您看是否方便？
好说好说，咱们兄弟谁跟谁啊！

我把公司的几台设备拉到贵公司，押给你们。
可以，但那几台设备不怎么值钱吧？

## 质押

质押，是指债务人或者第三人将其动产或权利移交债权人占有，作为债权履行的担保。债务人不履行到期债务或者发生当事人约定的实现质权的情形，债权人有权依照法律规定以该动产折价或者以拍卖、变卖该动产的价款优先受偿。

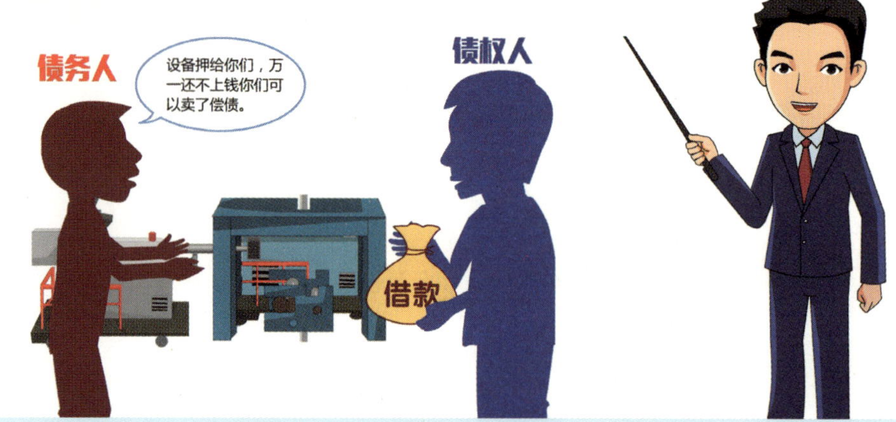

这是我公司豪华轿车的钥匙，车子也押给贵公司，吃完饭您让驾驶员开回去，您看行不？
好的，但是我那边最近没地方停车，车子就暂时先放你那里吧。

根据《物权法》的规定，质权自出质人交付质押财产时设立。

李总，您放心，钱一个月就还，要是不还，我们押给贵公司的机器设备和车子直接归你们，另外我公司部分股权，也一起押给贵公司。
好。

## 流质

当事人在抵押担保和动产质押合同中约定，若债务人到期不履行债务，担保物的所有权直接转移为债权人所有的，为“流质”（“流押”），“流质”“流押”条款无效。债权人一般只能在拍卖、变卖抵押物等价款中优先受偿。

高级会所
机器和车子好说，这个股权怎么押给我？
这个简单,登记一下就行了。

## 权利质押

除动产外，当事人还可以以汇票、支票、本票、债券、存款单和仓单、提单、基金份额、股权、商标专用权、专利权、著作权中的财产权、应收账款等质押。

权利质押应当订立书面合同，根据《物权法》的规定，质权生效条件如下：

（1）以汇票、支票、本票、债券、存款单、仓单、提单出质的，质权自权利凭证交付质权人时设立；没有权利凭证的，质权自有关部门办理出质登记时设立；

（2）以基金份额、证券登记结算机构登记的股权出质的，质权自证券登记结算机构办理出质登记时设立；以其他股权出质的，质权自工商行政管理部门办理出质登记时设立；

（3）以注册商标专用权、专利权、著作权等知识产权中的财产权出质的，质权自有关主管部门办理出质登记时设立。

经理，老张让咱们加工的那批货完工了，对方说先不给钱，把货拉走，怎么办？
不能让对方把货拉走，告诉他们，说好了拉货的时候给钱的，怎么能言而无信呢！

留置
留置是因保管合同、运输合同、加工承揽合同以及法律规定可以留置的其他合同发生的债权，债权人按照合同约定占有债务人的财产，债务人不按照合同约定的期限履行债务的，债权人可以留置已经合法占有的债务人的财产，并有权就该财产折价或者以拍卖、变卖该财产的价款优先受偿。当事人可以在合同中约定不得留置的物。
仓库重地
不给货款，货物一件也不能拉走！

经理，经过交涉，驾驶员把货款给咱们了，现在货物正在装车。
还不能拉走，我想起来了，前段时间，老张跟咱们公司借了 10 万元，这次得一并还了，不然不让拉货。

留置权
留置权的行使需基于同一个法律关系，也即同一个债权债务关系，但是企业之间的留置权除外（商事留置权）。
仓库重地
你们还欠我另外一笔款，现在还不能拿货！

厦
房屋中介
李先生，房子的事情就这样说定了，约定的买房定金20万元明天付给您。
好的，好的，我回去收拾一下房子，您过几天过来验收。

李先生，不好意思啊，最近家里有点事，急需用钱，就交这么多定金吧。
王先生，说好的定金20万元，你这才10万元啊。
房屋中介
新郑商业银行
10万

王先生，我那个房子最近有人出的价比你高，我不卖给你了。
你怎么能出尔反尔呢，你得按合同约定的 20 万元定金，双倍返还我 40 万元。

## 定金

当事人可以约定一方向对方给付定金作为债权的担保。债务人履行债务后，定金应当抵作价款或者收回。给付定金的一方不履行约定的债务的，无权要求返还定金；收受定金的一方不履行约定的债务的，应当双倍返还定金。

定金合同从实际交付定金之日起生效。定金的数额由当事人约定，但不得超过主合同标的额的百分之二十。

定金合同只有在定金交付时才成立，如果约定的定金金额与实际交付（收受）数额不一致的，应当以实际交付的数额确定。

## 风险防范警示

1. 保证方式有连带责任保证和一般保证，如果不愿承担连带责任，可以在保证合同上写明“一般保证”等内容。签订保证合同时，要考察债务人的资信及偿债能力等情况，决定担保形式和范围，并明确约定担保期限，降低风险。

2. 以土地使用权或房屋等建筑物抵押的，应当“房随地走”“地随房走”，土地使用权和房屋一并抵押。不动产抵押的应当及时登记。

# 第五章 婚姻财产法律风险

## 何源与李某、陈双股权转让纠纷案

何源（女）与陈双（男）于1998年结婚。李某系精通公司法定代表人，陈双为监事，2010年至2013年，何源先后向精通公司投资280万元，占公司50%的股权，但何源自成为股东后，一直由丈夫陈双代其参与公司管理，并在重要会议记录上代其签名。2015年，陈双代何源签名，将其在公司30%的股份转让给李某。2016年，何源和陈双离婚，后何源以李某、陈双为被告向法院起诉，请求判令陈双代其转让股份的行为无效。法院审理后，判决驳回了何源的诉讼请求。

什么是夫妻共同财产?
夫妻共同财产
夫妻在婚姻关系存续期间所得的下列财产归夫妻共同所有：
（1）工资、奖金；
（2）生产、经营的收益；
（3）知识产权的收益；
（4）继承或赠与所得的财产；
（5）其他应当归共同所有的财产。

既然同意离婚，就把家里的钱算清楚吧。婚后存的钱、买的房子、车子等，一人一半。
离婚协议
不可能，家里的财产主要是我在外辛苦赚的，我要占大头。

张律师，我以自己的名义对公司的出资是我的个人财产还是夫妻共同财产？
律师事务所
尽管你是以个人名义出资的，但用的是你们婚姻关系存续期间所得的财产，所以出资额应属于共同财产。

婚姻关系存续期间，共同财产和个人财产投资的收益均归夫妻共同所有。
在公司的分红呢？
分红当然也是共同财产，即使你出资用的是个人财产，股权收益还是属于你们夫妻的共同财产。

我的公司股权有一些是您赠与的，现在可能要分一半给陈双，想想都觉得亏。
我当时就是给你的呀，怎么也要分给陈双呢？不能分给他。

法律提示：夫妻在婚姻关系存续期间继承或接受赠与所得的财产，归夫妻共同所有，但遗嘱或赠与合同中确定只归夫或妻一方的财产除外。

哪些应是一方财产?
夫妻一方财产
(1)一方的婚前财产;
(2)一方因身体受到伤害获得的医疗费、残疾人生活补助费等费用;
(3)遗嘱或赠与合同中确定只归夫或妻一方的财产;
(4)一方专用的生活用品;
(5)其他应当归一方的财产。

结婚前我全款买的那所房子，现在至少涨了30万元，可以分你一部分。但你在大华公司的分红也要分我一半。
我在大华公司的投资是和你结婚前就有的，分红你不要想，我不要你的，你也甭惦记我的。

法律提示：夫妻一方个人财产在婚后产生的收益中，孳息和自然增值系个人财产，其他的收益则属于夫妻共同财产。

夫妻一方所有的财产，不因婚姻关系的延续而转化为夫妻共同财产。但当事人另有约定的除外。
我结婚前有定期存款，一直没动，现在是否可以转移到我母亲的名下？
没必要呀，那是你的个人财产。
律

哪些债务是夫妻共同债务呢？
夫妻双方共同签字产生的债务或者夫妻一方事后追认等共同意思表示所负的债务。

上次为了买商铺，我们共同向银行贷款，这个钱不能让我一个人还。
这个你放心，我不会赖这个钱的。

你老公为了投资某药品公司，借我的钱什么时候还呀？
那是陈某向你借的，和我有什么关系？

法律提示：夫妻一方在婚姻关系存续期间以个人名义超出家庭日常生活需要所负的债务，债权人以属于夫妻共同债务为由主张权利的，人民法院不予支持，但债权人能够证明该债务用于夫妻共同生活、共同生产经营或者基于夫妻双方共同意思表示的除外。

我和陈某结婚时就说好了各自挣钱各自花，互不干涉，陈某借的钱他自己还。
你们的约定和我有什么关系，我又不知道。

法律提示：夫妻可以书面约定婚姻关系存续期间所得的财产以及婚前财产归各自所有、共同所有或部分各自所有、部分共同所有，对双方具有约束力。第三人知道该约定的，以夫或妻一方所有的财产清偿。

人民法院已经对夫妻共同财产分割问题作出处理的，债权人仍有权就夫妻共同债务向男女双方主张权利。
民法院
我们现在已经离婚了，财产也分了，谁找我要钱也没用。

你老公赌博输了 20 万元，你今天必须还我！
这又不是我欠的，凭什么要我还？！

法律提示：用于夫妻共同生活的债务为夫妻共同债务，夫妻一方与第三人串通，虚构债务或在从事赌博、吸毒等违法犯罪活动中所负债务，第三人主张权利的，人民法院不予支持。

# 如何处理夫妻共同财产

对于夫妻共同财产，双方都有平等的处理权：（1）夫或妻在处理夫妻共同财产上的权利是平等的。因日常生活需要而处理夫妻共同财产的，任何一方均有权决定；（2）夫或妻非因日常生活需要对夫妻共同财产做重要处理决定，夫妻双方应当平等协商，取得一致意见。

公司的股权是我和陈某的共同财产，当时转让给你的时候，陈某都没和我商量，这是无效的。
陈某是你的丈夫，他当然可以转让给我。

你明知道我没签名，是他代签的字。
你虽然是股东，但从来都不来公司。每次都是他代你参加会议、在文件上签字。转让股权时，他代你签字很正常啊，大家共事也不是一天两天了。

法律提示：他人有理由相信其为夫妻双方共同意思表示的，另一方不得以不同意或不知道为由对抗善意第三人。
你老公已经签过字了。
我不知道。
我不同意。
无效

兄弟，我假装从你那里借50万元用于家庭生活，打个借条给你，你回头拿着借条去向我老婆要钱。
这简单啊，小事一桩，这样50万元就算你们的共同债务了。

法律提示：婚姻关系存续期间，一方有隐藏、转移、变卖、毁损、挥霍夫妻共同财产或者伪造夫妻共同债务等严重损害夫妻共同财产利益行为的，分割夫妻共同财产时，对隐藏、转移、变卖、毁损夫妻共同财产或者伪造债务的一方，可以少分或者不分。离婚后，另一方发现有上述行为的，可以向人民法院提起诉讼，请求再次分割夫妻共同财产。

当初我们是约定财产归各自所有，但我平时主要在家带孩子，照料老人，没有时间出去工作，这个约定我觉得不公平，该怎么办？
律师事务所
你可以要求补偿。

法律提示：夫妻书面约定婚姻关系存续期间所得的财产归各自所有，一方因抚育子女、照料老人、协助另一方工作等付出较多义务的，离婚时有权向另一方请求补偿，另一方应当予以补偿。

别以为我不知道，你早就在外面有人了，连孩子都生了，你转移财产就是准备离婚的。
离婚就离婚，你别老扯那些没用的。

法律提示：一方有重婚的；有配偶者与他人同居的；实施家庭暴力的；虐待、遗弃家庭成员等情形的，无过错方有权请求损害赔偿。

我不想跟你争了，公司股权份额我不要了，你补偿现金给我吧。
可以呀，但我们要签个协议，以免你到时候反悔。

法律提示：夫妻双方分割共同财产中的股票、债券、投资基金份额等有价证券以及未上市股份有限公司股份时，协商不成或者按市价分配有困难的，人民法院可以根据数量按比例分配。同时分割财产应按照公司法、合伙企业法等有关法律规定进行。

我手头上没那么多现金，你要是同意的话，我分期给你。
签协议可以啊，现金我现在就要。

法律提示：双方离婚时可以就财产分割达成协议，对双方均具有法律约束力。双方因履行财产分割协议发生纠纷可以提起诉讼，男女双方协议离婚后一年内就财产分割问题反悔的，可以请求法院变更或者撤销财产分割协议。

夫妻有互相继承遗产的权利。父母和子女有相互继承遗产的权利。

王律师，我现在离婚了，我和前夫各带一个孩子，将来如果我或者我前夫去世，孩子能不能继承财产啊？
如果没有遗嘱排除的话，可以继承。死者的配偶、子女、父母都是第一顺位的继承人，一般均等分配遗产数额。
王律师

如果夫妻一方死亡，财产怎么分呀？债务怎么承担？
先把个人财产分出来，然后对于夫妻共同财产，有约定的按约定分；没有约定的，先将共同财产的一半分出为配偶所有，其余的属于遗产，按规定继承。一方死亡的，另一方应当对夫妻共同债务承担偿还责任。

配偶继承的财产，再婚时能随意处置吗?
当然可以，夫妻一方死亡后另一方再婚的，有权处分所继承的财产，其他人干涉不了。

## 风险防范警示

1 个人财产与夫妻共同财产性质不同，但实际生活中容易混同，可以采取婚前协议等方式进行约定，防止发生争议。

2 隐藏、转移、变卖、毁损夫妻共同财产，或伪造债务企图侵占另一方财产的行为，都是不可取的，最终会“偷鸡不成蚀把米”。

# 第六章 有限责任公司法律风险

## 正立公司要求华盛公司及其股东偿付欠款案

张甲与李乙分别出资 40 万元、60 万元发起设立了华盛有限责任公司。华盛公司在经营期间数次从正立公司赊购原材料，共欠材料款 30 万元。2015 年，张甲、李乙分别将其拥有的华盛公司股份转让给丙和丁。2016 年，正立公司向法院起诉，要求张甲、李乙以及华盛公司共同偿付欠款。法院判决认为，有限责任公司的股东以其出资额为限对公司债务承担责任，在张甲、李乙已经足额缴纳出资且合法办理了股权转让手续的情况下，正立公司不应再向二人要求偿付欠款，所欠材料款应由华盛公司支付。

典型案例

什么是公司？
公司是指根据《公司法》规定在我国设立以营利为目的的企业法人。

陈律师，周围的朋友都成立公司了，我也想搞一个，咨询一下可以设立什么样的公司？
根据《公司法》的规定，我国公司分有限责任公司和股份有限公司。
陈律师

**有限责任公司**是指全体股东共同出资设立，每个股东以其认缴的出资额为限对公司承担责任，公司以其全部资产对公司债务承担责任的企业法人。

**股份有限公司**是指全部资本分成等额股份，股东以其认购的股份为限对公司承担责任，公司以其全部资产对公司债务承担责任的企业法人。

我想与别人一起开个有限责任公司，但又担心失败会赔光家底，不敢搞。
你不用担心，有限责任公司中股东是以其认缴的出资额为限对公司承担责任的。
陈律师

什么意思？对我的其他财产没有影响？
这么说吧，你和别人一起开公司，如果你投入 10 万元，公司即使经营失败，你最多损失的是这 10 万元，与你其他财产没有关系。

公司的各项准备工作正在进行，今天落实一下具体的出资问题，我出50万元。
我把我那个发明专利转给公司，算我出资。
我出30万元。
我将我的货车作价出资。

根据《中华人民共和国公司法》第二十七条，除货币外，可以用货币估价并可以依法转让的财产也可作为出资，如实物、知识产权、土地使用权等。另外，《中华人民共和国公司登记管理条例》规定：劳务、信用、自然人姓名、商誉、特许经营权、设定担保的财产等不得作价出资。

**可作价出资**

我和朋友准备成立一个公司，还差50万元，急死了。
你不是说用你的发明出资吗?

是啊，但我那个专利估计也就值10万元左右，不够啊。
没问题，我来找个人，评估成50万元。

《公司法》第二十八条规定，股东应当按期足额缴纳公司章程中规定的各自所认缴的出资额。股东以货币出资的，应当将货币出资足额存入有限责任公司在银行开设的账户；以非货币财产出资的，应当依法办理其财产权的转移手续。
股东不按照前款规定缴纳出资的，除应当向公司足额缴纳外，还应当向已按期足额缴纳出资的股东承担违约责任。
这不是欺骗嘛，这样不好吧。
听说股东之间可以商量，确定缴纳时间。

缺钱
我们公司章程规定的交付出资时间到了，我现在资金不够，请你帮忙垫一下，手续办好后，我马上把钱从公司转出来还给你。
哥们儿这个忙，我帮。

## 抽逃出资

公司成立后，股东不得抽逃出资。股东抽逃出资的，公司或其他股东可要求其向公司返还出资本息，如果其他股东、董事、高级管理人员或者实际控制人协助抽逃出资，要承担连带责任。

根据《最高人民法院关于适用〈中华人民共和国公司法〉若干问题的规定（三）》第十二条的规定，公司成立后，公司、股东或者公司债权人以相关股东的行为符合下列情形之一且损害公司权益为由，请求认定该股东抽逃出资的，人民法院应予支持：

（1）制作虚假财务会计报表虚增利润进行分配；

（2）通过虚构债权债务关系将其出资转出；

（3）利用关联交易将出资转出；

（4）其他未经法定程序将出资抽回的行为。

小陈，你马上起草一个文件免除老赵、老徐的董事职务，让老钱和小刘来干。
张总，这个按规定是要股东会决定的。
那你明天找几个人来开会，那些喜欢唱反调的就不用找了。

今天开会就一件事，免除老赵、老徐的董事职务，让老钱和小刘来干。
同意。
同意。
决议

有限责任公司的权力机构是股东会，股东会由全体股东组成，股东会作决策时，股东一般以其出资比例行使表决权。股东会职权有：决定公司的经营方针和投资计划；选举和更换非由职工代表担任的董事、监事；审议批准董事会的报告；审议批准监事会或者监事的报告等。

法务部
律师，最近我们公司许多大事都被几个人操纵了，开股东会也不通知我，我该怎么办?
如果股东会决议的内容违法了，那么这个决议是无效的。如果股东会召集程序、表决方式违法或违反章程，你作为股东可以请求法院撤销这次决议。
律师

根据决议具体情况，股东可以向人民法院起诉请求确认决议无效或者请求撤销决议，其中请求撤销的应在决议作出之日起六十日内提出。
股东会决议无效。
诉状
原告
审判长

姓张的，为什么许多事情都不和我们打招呼？
我是董事长，凭什么听你的，你爱干不干。

我和我们公司的其他股东关系处理不好，应该怎么退出呢?
你可以把股权全部转让，既可以转给其他股东，也可以转给原股东以外的人，但转给其他人时要公司股东过半同意。而且，在同等条件下，其他股东有优先购买权。
律师

前段时间我与别人一起开了一间公司，最后不欢而散，我想问一问，我一个人能不能开公司?
可以啊。这个叫一人有限责任公司，但一个人只能开一个，而且这个公司不能再投资办新的一人有限责任公司。
咨 询

大展宏图
张总，你公司搞得这么红火，赚了不少钱吧？能否借我一些应个急？
你的企业不也不错嘛，怎么要借钱呀？

别提了，最近一笔生意失败了，企业的钱赔光了，还欠 50 万元，律师说我那企业是个人独资企业，50 万元需要我自己赔。
这就是你的问题了，我这个企业叫一人有限责任公司，我咨询过了，有限责任的意思是，即使经营失败了，赔的顶多是投到公司里面的钱。

## 个人独资企业

《个人独资企业法》第二条规定：本法所称个人独资企业，是指依照本法在中国境内设立，由一个自然人投资，财产为投资人个人所有，投资人以其个人财产对企业债务承担无限责任的经营实体。

小陈，我的家人下个星期到国外旅游，你马上在公司拿 20 万元给我。
好的。
总经理

另外，我家房子是赵总给装修的，还有 8 万元装修款没付，你从公司账户转给赵总。
好的，张总，我这就去办。
总经理

一人有限责任公司就是好，企业是自己的，我想怎么办就怎么办，钱想怎么花就怎么花。
一人有限公司的公司财产必须与投资人的个人财产相独立，否则投资人要对公司债务承担连带责任，不再受有限责任的保护了。所以不能说，一人有限公司是自己的，想怎么干就怎么干。
总经理

天道酬
李经理，这段时间忙坏了，现在分公司的营业执照也办好了，下一步好好干。
是的，我一定好好干。

## 分公司

分公司是指在公司经营过程中，因为业务需要依法设立的相对独立的分支机构，是在业务、资金、人事等方面受本公司管辖，但是不具有法人资格的分支机构。设立分公司，应当向公司登记机关申请登记，领取营业执照（不是企业法人营业执照）。

与你们签合同的是分公司，与我们总公司没关系，凭什么要告我们？
被告
分公司不是独立的法人单位，其法律责任由总公司承担，实践中也可以先由分公司以其占有、使用的财产承担责任，不足部分由总公司承担。分公司与子公司不同，子公司是指一定比例以上的股份被另一公司所拥有或通过协议受到另一公司实际控制的公司，但它本身是独立法人，能独立享受权利和承担义务。

## 风险防范警示

1. 有限责任制度对减少和转移风险、鼓励投资、促进市场交易意义重大，但股东如果滥用有限责任，对债权人造成损害，需承担相应法律责任。

2. 一人有限责任公司的股东要做到自己的财产与公司的财产完全独立，切记不能和公司混用账户，除了法定分红等情形外，不能在公司支取费用。

# 第七章 合伙企业法律风险

## 周某被合伙企业除名案

2015 年 11 月 6 日，周某、王某、刘某、赵某四人签订合伙协议，各出资 45 万元经营某酒厂。2017 年 6 月 20 日，王某、刘某、赵某三人认为周某故意以超低价出售白酒，给企业造成巨大损失，一致同意将其除名，并向周某快递送达了除名决定通知书。周某收到通知书后，未在三十日内向法院起诉。一年后，周某诉至法院要求确认该除名决议无效。因周某起诉时已超过三十日的期限，人民法院依法驳回其起诉。

典型案例

什么是合伙企业？
合伙企业，是指各合伙人订立合伙协议，共同出资、共同经营，共享收益，共担风险，并对企业债务承担无限连带责任的营利性组织。

与你们办个合伙企业，我愿意，但我资金有限，听说合伙企业亏损了，要承担无限连带责任?
茶道
不用担心，你说的无限连带责任是指普通合伙，你可以以有限合伙人的身份加入，即使失败，你也不需要另外负责。

律师您好，我们企业欠他钱，但我是有限合伙人，他每天找我，怎么办？
有限合伙人只需以其认缴的出资额为限承担责任。
务所
律师

xxx律师事务
那欠我的钱怎么办?
如果企业资产不够还你的，
你可以找普通合伙人。

合伙企业包括普通合伙和有限合伙，普通合伙企业中，合伙人对企业债务承担无限连带责任；有限合伙企业中，普通合伙人对企业债务承担无限连带责任，但有限合伙人以其认缴的出资额为限对企业债务承担责任。

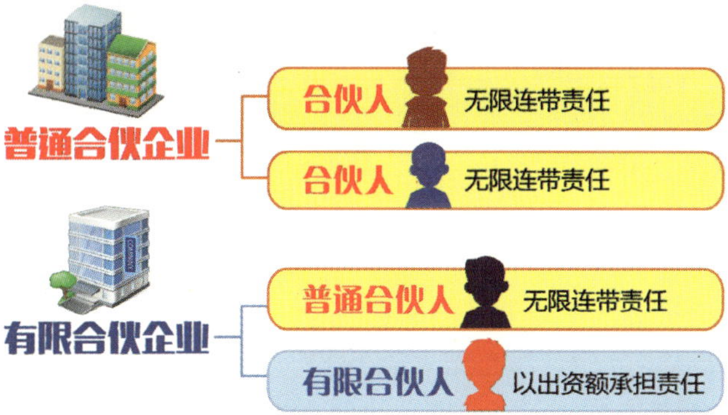

我来办理合伙企业设立登记，不知道材料全不全?
需要登记申请书、合伙协议书、合伙人身份证明等文件。经营范围中有需经批准的项目的，还要提交批准文件。
企业事务办理
材料
登记窗口

企业终于开办成功了，以后有什么事，我们四个人要商量着办，同时建议在对外事务上，委托老周一个人处理，以免造成混乱，怎么样?
包在我身上。
同意。
同意。

刘总呀，你家去年装修借我的 5 万元钱还没还我，现在我欠你们企业 5 万元货款，正好相互抵销。
这个不合适吧，企业是我跟老周、老王、老赵几个人合伙的，我借你的钱是我个人的，两回事。

3. 与合伙企业无关的个人债务的处理

合伙人发生与合伙企业无关的债务，相关债权人不得以其债权抵销其对合伙企业的债务；也不得代位行使合伙人在合伙企业中的权利。合伙人的自有财产不足以清偿其与合伙企业无关的债务的，该合伙人可以以其从合伙企业中分取的收益用于清偿；债权人也可以依法请求强制执行该合伙人在合伙企业中的财产份额用于清偿。

企业办公室
今年咱们厂效益不错，赚了十几万元，当初也没考虑利润怎么分，今天大家讨论一下。
我觉得老周最辛苦，可以多分点。
大家的投资数目是一样的，就平均分吧。
收益

合伙企业的利润分配、亏损分担，按照合伙协议的约定办理；协议约定不明的，由合伙人协商决定；协商不成的，由合伙人按照实缴出资比例分配、分担；无法确定出资比例的，由合伙人平均分配。

吴某
我近期要举家南迁，我准备将我全部财产份额转让给吴某，这个人你们也认识，工作能力强，人也实在，你们看行不行？
企业办公室
吴某人不错，你转让给他，我没有意见。
我没意见。
我没意见。

## 5. 合伙人财产份额的转让

《合伙企业法》第二十二条规定：除合伙协议另有约定外，合伙人向合伙人以外的人转让其在合伙企业中的全部或者部分财产份额时，须经其他合伙人一致同意。合伙人之间转让在合伙企业中的全部或者部分财产份额时，应当通知其他合伙人。

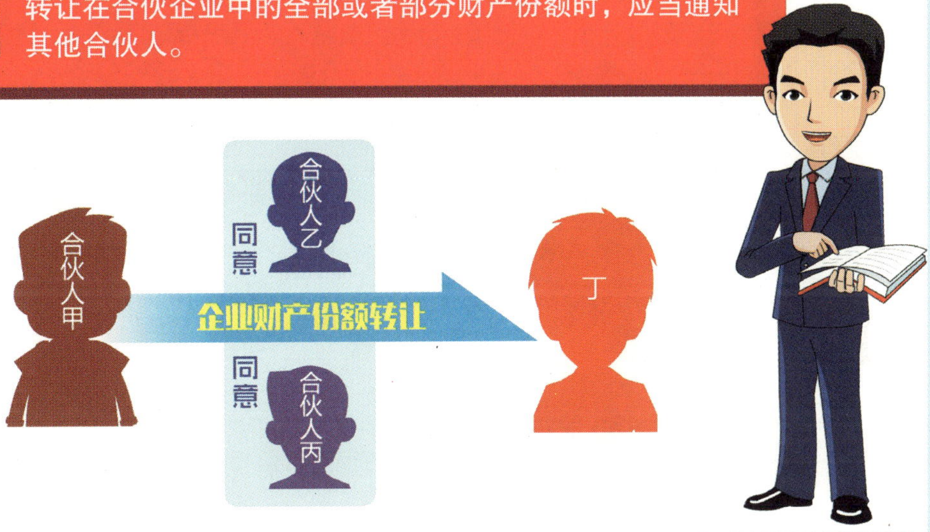

最近酒厂营业额持续下滑，是什么原因呀？
周某以超低价出售白酒，导致营业额下滑，给我们造成巨大的损失。
办公室

这不是坑咱们吗？我建议将周某除名，你们同意吗？
同意。
同意。
办公室

除名合伙人，必须经其他合伙人一致同意。对合伙人的除名决议应当书面通知被除名人。被除名人接到除名通知之日，除名决议生效，被除名人退伙。

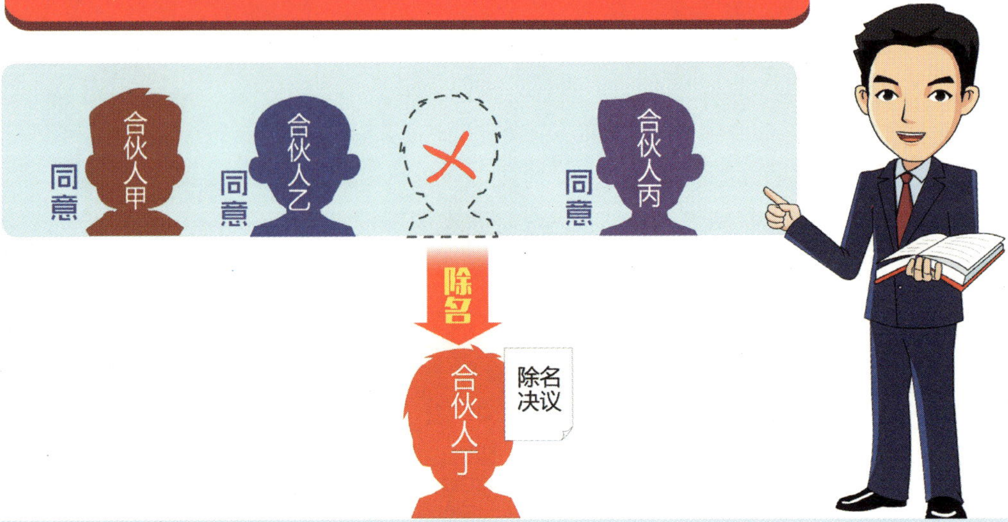

他们三个无缘无故将我除名，我不同意。请法院确认除名决议无效。
你应该在收到除名决议之日起三十日内起诉，现已超过法律规定的起诉期限，我们将驳回起诉。
原告

《合伙企业法》第四十九条第三款规定，被除名人对除名决议有异议的，可以自接到除名通知之日起三十日内，向人民法院起诉。

老王，你懂一些法律，咱们企业解散，接下来怎么办？
要清算，可以我们三个人共同清算，也可以指定一个或几个合伙人担任，还可以申请法院指定清算人。

合伙企业解散，应当由清算人进行清算。清算人由全体合伙人担任；经全体合伙人过半数同意，可以自合伙企业解散事由出现后十五日内指定一个或者数个合伙人，或者委托第三人担任清算人。自合伙企业解散事由出现之日起十五日内未确定清算人的，合伙人或者其他利害关系人可以申请人民法院指定清算人。

xx律师事务所
陈律师，我们合伙企业中，有人想中途加入，也有人想退出，这个债务怎么办？
对于普通合伙人来说，中途入伙的，要对入伙前企业债务承担责任；中途退伙的，也要对因其退伙前的原因发生的企业债务承担责任。
陈律师

王律师，我和小张、小刘开的厂子亏了 200 万元，我们是按照 3:3:4 的比例投资的，债务应该怎么还?
先用厂子的全部财产还，不足的部分，你们几个合伙人承担无限连带责任。
律师事务所
王律师

工厂全部抵掉后，还欠 100 万元，我还了 70 万元，小张还了 30 万元，就你一分钱没出。现在你要还 40 万元给我。
你作为合伙人就应承担无限连带责任，你还了 70 万元，凭什么把 40 万元算到我头上来?

对合伙企业的债务，应先以企业全部财产进行清偿，合伙企业不能清偿到期债务的，合伙人承担无限连带责任。合伙人由于承担无限连带责任，清偿数额超过分担比例的，可以向其他合伙人追偿。

姓王的，终于找到你了，你们企业还欠我钱，怎么办?
是企业欠你钱，又不是我欠你钱，你找企业去啊。
合伙企业注销后，原普通合伙人对合伙企业存续期间的债务仍应承担无限连带责任。

## 风险防范警示

1. 合伙企业有灵活性强、自主性强的特点，在税收等方面也有一定优势，但普通合伙人要承担无限连带责任，开办企业时要根据具体情况，选择适合的企业形式。

2. 开办合伙企业要认真细致地拟定《合伙协议》，遇到问题及时协商解决，以免引起纠纷。

# 第八章 劳动合同法律风险

## 王磊诉山水公司劳动争议案

王磊原系山水公司市场部主管，山水公司于 2014 年 7 月购买了一辆商务车交王磊使用。2017 年 8 月，山水公司向王磊送达《关于王磊同志旷工和挪/占用公司财产处罚通告》，以王磊连续旷工 10 日且挪/占用公司轿车为由，将其辞退。

2017 年 9 月，王磊向劳动人事争议仲裁委员会申请劳动仲裁，仲裁委作出裁决后，山水公司不服，诉至法院，法院审理认为，山水公司应支付王磊工资差额及违法解除赔偿金，但基于劳动关系产生的债权不能行使留置权，王磊无权留置商务车。

典型案例

我最近临时招了几个农民工给大楼清洗门窗，但他们最近跟我说，没签书面劳动合同要付双倍工资，怎么办？
xxx律师事务所
安全
你们之间是劳务关系，无须支付。
律师
法律

# 什么是劳动关系

劳动关系是指用人单位招用劳动者为其成员，劳动者在用人单位的管理下提供有报酬的劳动所产生的权利义务关系。劳务关系是指平等主体之间发生的一方为另一方提供劳务并获得对价的民事合同关系。

劳动关系一般具有长期性、持续性和稳定性等特点，劳务关系一般是临时、一次性的，流动性非常强。

王总，我天天在这儿上班，这都一年了，您怎么还不给我交社保？
公司又没跟你签合同，你跟我们公司不是劳动关系，不给交社保。
办公室
总经理

# 事实劳动关系

事实劳动关系是指双方未订立书面劳动合同或者不存在合法有效的书面劳动合同，而客观存在劳动关系的状态。

对劳动关系是否成立或者存在，可以从以下方面考察：

（1）用人单位和劳动者是否符合法律、法规规定的主体资格；

（2）劳动者是否向用人单位提供有报酬的，且为用人单位业务组成部分的劳动；

（3）劳动者是否接受用人单位的劳动管理和工作安排。

老板，我干活的时候受伤了，公司得算我工伤待遇。
办公室
你是在岗前培训期间受伤的，还没正式上岗，受伤与公司无关。

劳动关系自用工之日起建立，用工之日指用人单位决定招用劳动者后，对劳动者的工作进行安排，包括安排劳动者到工作场地了解熟悉日后工作环境、学习用人单位的规章制度、安排劳动者进行岗前培训、直接安排劳动者进入实际的工作状态等。

财源广进
最近新招的一批工人要不要签合同?
不要签。合同签了，社保、加班费、补偿金什么都得付，公司会吃亏的。
财务

公司没有跟我签书面合同，要付我双倍工资。
劳动合同
你的工资都给你了，公司不欠你钱，你这是无理取闹。
原告
被告

审判长
你们公司自用工之日起超过一个月不跟劳动者订立书面劳动合同，要每月支付二倍工资。
另外，法律规定，用人单位自用工之日起满一年不与劳动者订立书面劳动合同的，视为双方已订立无固定期限劳动合同。

你到公司工作，公司花了2万元为你培训，你这么快就辞职，要按合同付公司违约金。
我有权随时辞职，培训费是你们自愿出的，跟我无关。
被告
原告

单位请求于法有据。

张总，这批新招的员工，我们只约定试用期，这样既有合同，又可以随时开了他们。
这个靠谱吗？

或者这样，咱们签合同的时候，试用期约定长一点，2 年的劳动合同，试用期咱们约定 1 年。
这个我觉得好点。

# 劳动合同期限与试用期

《劳动合同法》规定：劳动合同期限3个月以上不满1年的，试用期不得超过1个月；劳动合同期限1年以上不满3年的，试用期不得超过2个月；3年以上固定期限和无固定期限的劳动合同，试用期不得超过6个月。以完成一定工作任务为期限的劳动合同或者劳动合同期限不满3个月的，不得约定试用期。

违法约定试用期的，由劳动行政部门责令改正；违法约定的试用期已经履行的，由用人单位以劳动者试用期满月工资为标准，按已经履行的超过法定试用期的期间向劳动者支付赔偿金。

我打算应聘一个公司的程序员主管，可是公司要求必须是计算机专业硕士学历，还要五年工作经验，我都不符合。
这个好办，我有一个哥们儿专门做证件的，帮你弄一个。

感谢你帮我这么大忙，
我被顺利录取了。
别客气，都是自家兄弟。
录取通知

以欺诈、胁迫手段或者乘人之危，使对方在违背真实意思的情况下订立或者变更劳动合同的；用人单位免除自己的法定责任、排除劳动者权利的；违反法律、行政法规强制性的劳动合同无效或者部分无效。
经核实，你的学历和工作经历全部是伪造的，我公司现在与你解除劳动关系。

最近几个老员工签的第二次固定期限合同到期了，听说第三次得签无固定期限合同了，这样以后不就甩不掉了吗?
没事，再签固定期限劳动合同也不要紧。

劳动者在用人单位连续工作满10年或者连续订立两次固定期限劳动合同的，除劳动者提出订立固定期限劳动合同外，单位应与劳动者订立无固定期限劳动合同。

经理，公司怎么不让我上班了？
按照公司规定，你违反公司纪律，被开除了！
28
29

什么规定，我没见到啊?
规定是公司制定的，不需要你知道。
单位规章制度需经民主程序，向劳动者公示或者告知，且内容需合法，否则不得作为用人单位的管理依据。

经理，公司怎么上个月没有给我发工资？
上个月公司没业务，又没安排你干活，要什么工资！

对于因劳动者原因没有提供劳动的，用人单位可以按照旷工等情况，依照单位规章制度，扣发劳动者相应工资，直至解除劳动合同。对于因单位原因，没有安排劳动者工作，用人单位也应当按规定支付工资或发放生活费。

严禁烟火

小王在工作中，违反规章制度，在禁烟仓库抽烟，引发仓库大火，给公司造成严重损失，要求小王全部赔偿。
火灾发生后，我及时报告了单位，单位管理有漏洞，我不该赔偿。
原告
被告

劳动者在履行职务过程中，严重违反单位规章制度，造成公司重大损失，应当视情形承担赔偿责任。
法官
劳动者属于弱势群体，在兼顾劳动法律关系特殊性及损失分担的公平性、合理性下，劳动法不倾向于企业将经营风险完全转嫁给劳动者。

小王，你已经被公司录取了，考虑到你没有工作经验，还需要适应一段时间，前两个月的工资就按 500 元算吧。
好吧。
法律规定，国家实行最低工资保障制度，用人单位支付给劳动者的工资不得低于当地最低工资标准。

对岗位调整，我不同意，公司就把我开除了，这是什么道理?
劳动合同上写明了你的工作是助理，公司在不降低待遇情况下合理调整工作岗位，你拒绝服从，当然可以开除了。
原告
被告

公司本次调岗并未损害劳动者合法权益。
审判长
法制
企业具有自主经营权，有权自主决定用工形式、岗位、报酬。在不损害劳动者合法权益的前提下，有权按照双方合同约定和企业经营所需对劳动者合理调岗。

张总，我不想干了，请公司帮我结算一下经济补偿金。
你自己不干的，还找我们要补偿？你突然要走，你负责的那个项目还要暂停，你还得赔偿公司钱呢！

劳动者因个人原因解除劳动关系，企业无须支付解除劳动关系经济补偿金。劳动者未履行提前通知义务擅自离岗，造成公司经济损失的，应当依法承担赔偿责任。

兄弟们，我辞职了。
单位拖欠了2个月工资，社保也不给交，我也不想干了。
单位提出不让我干了，我答应了。
我的合同到期了，老板说不跟我续签了。

也不知道单位给不给补偿?
这个我们得咨询一下。

# 解除劳动关系的经济补偿

企业拖欠劳动报酬、未为劳动者依法缴纳社保，未按约定提供劳动保护或劳动条件，劳动者因此提出解除劳动关系；企业向劳动者提出解除劳动关系，与劳动者协商一致；劳动合同期满，企业提出不续订劳动合同的，均须向劳动者支付经济补偿金。

**根据《劳动合同法》第四十七条的规定，经济补偿按劳动者在本单位工作的年限，每满一年支付一个月工资的标准向劳动者支付。六个月以上不满一年的，按一年计算；不满六个月的，向劳动者支付半个月工资的经济补偿。**

老王，你最近工作不行，明天你不要来上班了！
我干了十几年了，就算开除，也要补偿我这十几年的辛苦费。我要到劳动监察大队投诉！
秘书室

秘书室
下午赶紧收拾东西走。
根据《劳动合同法》第八十七条的规定，用人单位违反规定解除或者终止劳动合同的，应当依照本法第四十七条规定的经济补偿标准的二倍向劳动者支付赔偿金。

小赵啊，欢迎你，原来公司的客户资源很好，以后靠你挖过来了啊！
感谢李总栽培，今后一定努力工作，充实我公司客户资源。
大展宏图
李总

你违反了我们的竞业禁止协议，
挖我公司客户资源，我们要告你。
你去告吧。
竞业禁止协议
张总

小赵违反了竞业禁止协议，应当支付违约金。
你们签的协议有效，小赵违反竞业禁止协议，应当向原单位支付违约金。
我又不是你们公司的人了，凭什么要限制我？
法官
原告
被告

总经理室
张总，我在这儿都干了三个月了，单位还没跟我签书面劳动合同，要付我双倍的工资！
你是李总公司劳务派遣到我们公司的，与我们没有劳动关系。

# 什么是劳务派遣

劳务派遣是指劳务派遣单位与劳动者签订劳动合同，并建立法律上的劳动关系，之后将劳动者派遣到用工单位，并在用工单位的指挥监督下从事劳动。用工单位与被派遣劳动者之间不存在劳动关系。

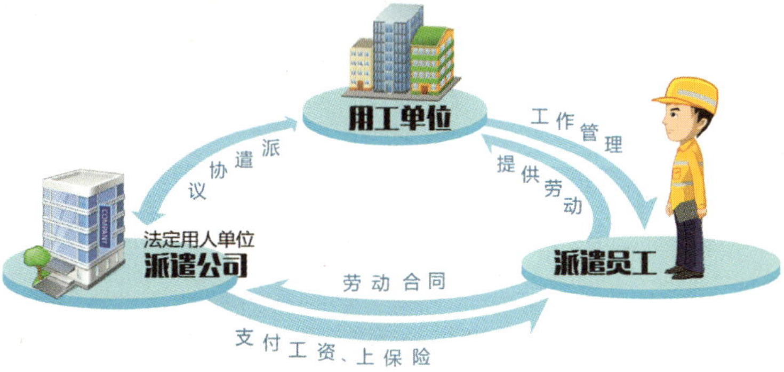

我被公司派遣到张总公司两个月了，天天加班，他们都不肯付我加班费。
他跟我没有劳动关系，应该由派遣单位付加班费。
我和张总有约定，他们单位加班的，加班费由张总付。
原告
被告
被告

用工单位组织加班的，用工单位应当支付加班费，劳务派遣单位应当连带支付。
法律规定，劳务派遣单位和用工单位虽然对加班费有约定，但该约定不得对抗被派遣劳动者。用工单位给被派遣劳动者造成损害的，劳务派遣单位与用工单位承担连带赔偿责任。

听说钟点工是不能约定试用期的。
真倒霉，来这里干个钟点工还要约定试用期。
XX酒店
法律规定，非全日制用工不得约定试用期。

厂长，这笔钱是不是先缴职工工伤保险费？
现在公司这么困难，这笔钱还要垫付材料款、发工资，哪有钱交保险啊，先缓一缓再说。
厂长办公室
资金

《工伤保险条例》规定，企业应当为本单位全部职工缴纳工伤保险费，企业职工有享受工伤保险待遇的权利。如企业不参加工伤保险，职工发生工伤，按条例规定的待遇全部由企业承担。工伤保险由用人单位向企业所在地的社保部门缴纳。

陈律师，像我这种情况能不能算工伤啊？
因工作遭受事故伤害的，属于工伤。
陈律师

## 什么是工伤？

**工伤是指劳动者在从事职业活动或者与职业责任有关的活动时所遭受的事故伤害和职业病伤害。**

职工有下列情形之一的，应当认定为工伤：

（1）在工作时间和工作场所内，因工作原因受到事故伤害的；

（2）工作时间前后在工作场所内，从事与工作有关的预备性或者收尾性工作受到事故伤害的；

（3）在工作时间和工作场所内，因履行工作职责受到暴力等意外伤害的；

（4）患职业病的；

（5）因工外出期间，由于工作原因受到伤害或者发生事故下落不明的；

（6）在上下班途中，受到非本人主要责任的交通事故或者城市轨道交通、客运轮渡、火车事故伤害的；

（7）法律、行政法规规定应当认定为工伤的其他情形，以及《工伤保险条例》第十五条规定的视同工伤的三种情形。

为职工缴纳工伤保险无论对于企业还是职工都是有益的，建筑行业是事故多发的行业，未缴纳工伤保险时出现事故，往往是依靠有限的意外伤害保险，企业和职工的纠纷较多。参加了工伤保险后，出现事故，员工将得到有效的社会保障，企业也无须承担额外的赔偿费用。

# 风险防范警示

1. 为避免不必要的损失，企业应依法及时与员工订立书面劳动合同，明确双方权利义务，同时注意不得违法约定试用期。

2. 为防范经营风险，企业应加强员工安全生产经营的相关培训，并在规章制度中明确发生生产事故时的责任承担。违反单位规章制度的，应注意解除劳动关系的依据和理由是否合法合规。

3. 发生工伤事故后，企业在劳动者法定赔偿数额尚未确定的情况下，急于与劳动者签署私了协议，容易导致协议因重大误解或者显失公平而被撤销。

# 第九章 消费者权益保护法律风险

## 黄某与某商场买卖合同纠纷案

2017年3月1日，黄某在某商场购买了一部价格4000元的品牌电子产品，购买后，黄某通过电话查询该电子产品的防伪码，得知其购买的系假冒产品。黄某遂向法院起诉，要求商场退还货款4000元，并按惩罚性赔偿规定支付三倍价款即1.2万元。法院经审理认为，经营者提供商品有欺诈行为的，应当按照消费者的要求增加赔偿其受到的损失，增加赔偿的金额为消费者购买商品的价款的三倍，遂判决支持商场退还货款4000元并支付商品价款三倍的赔偿款1.2万元。

消协12315
办公室
凡是买东西的都是消费者吗？
不一定。消费者一般是指为了生活需要而购买、使用商品或接受服务的个人或单位。

消协12315
办公室
什么是经营者?
经营者是指为消费者提供其生产、销售的商品或者提供服务的公民、法人或者其他经济组织，包括各种经济性质、各种类型的生产者、销售者和服务者，是以营利为目的从事经营活动并与消费者相对应的另一方当事人。

x律师事务所
消费者在消费过程中有什么权利?
消费者的权利
主要权利有安全权、知情权、自主选择权、人格尊严和民族风俗习惯受尊重权，个人信息保护权、监督权等权利。
王律师

对经营者有什么要求呢?
王律师
经营者的义务
经营者向消费者提供商品或者服务，应当恪守社会公德，诚信经营，保障消费者的合法权益；不得设定不公平、不合理的交易条件，不得强制交易。
《消费者权益保护法》等法律规定的经营者的义务有：
一是听取意见、接受监督的义务；
二是商品和服务的安全保障义务；
三是提供有关商品或者服务的真实全面信息的义务；
四是标明其真实名称和标记的义务；
五是出具发票的义务；
六是保证商品和服务质量的义务；
七是履行“三包”或者其他责任的义务；
八是不得以格式合同等方式排除或限制消费者权利的义务；
九是不得侵犯消费者人格尊严和人身自由的义务；
十是不得泄露、出售或者非法向他人提供消费者信息的义务。

你卖的是不合格的商品，我要退货。
我这是小本生意，概不退货。不服你去告我呀!
祝YOYO百貨週年慶

律师事务所
我和经营者发生争议，协商不了，是不是只能打官司解决?
不一定。
钱律师

消费者和经营者发生消费者权益争议无法协商处理的，可以通过下列途径解决：

（1）请求消费者协会或者依法成立的其他调解组织调解；

（2）向有关行政部门投诉；

（3）根据与经营者达成的仲裁协议提请仲裁机构仲裁；

（4）向人民法院提起诉讼。

你们超市已经倒闭了，我还有你们超市的购物卡，这里的钱怎么办?
办卡时，合同上写得很清楚，“购物卡一旦办理，卡中金额概不退换”。

《消费者权益保护法》第二十六条第二款规定：经营者不得以格式条款、通知、声明、店堂告示等方式，作出排除或者限制消费者权利、减轻或者免除经营者责任、加重消费者责任等对消费者不公平、不合理的规定，不得利用格式条款并借助技术手段强制交易。

格式条款是什么意思呢?
格式条款是指当事人因重复使用而预先拟定的，并在订立合同时未与对方协商的条款。

## 格式条款

法律规定，下列格式条款无效：

1. 一方以欺诈、胁迫的手段订立合同，损害国家利益；
2. 恶意串通，损害国家、集体或者第三人利益；
3. 以合法形式掩盖非法目的；
4. 损害社会公共利益；
5. 违反法律、行政法规的强制性规定；
6. 造成对方人身伤害的；
7. 因故意或者重大过失造成对方财产损失的；
8. 提供格式条款一方免除其责任、加重对方责任、排除对方主要权利的。

《合同法》第四十一条规定：对格式条款的理解发生争议的，应当按照通常理解予以解释。对格式条款有两种以上解释的，应当作出不利于提供格式条款一方的解释。格式条款和非格式条款不一致的，应当采用非格式条款。

说好的七天内可以退货，你怎么反悔了？
别人要是都像你买了东西又来退，那我生意怎么做？
销售配送
FAST
别慌，关于退货有明确规定。

# 商品退货

（一）“三包”退货：经营者提供的商品或者服务不符合质量要求的，消费者可以依照国家规定、当事人约定退货，或者要求经营者履行更换、修理等义务。没有国家规定和当事人约定的，消费者可以自收到商品之日起七日内退货；七日后符合法定解除合同条件的，消费者可以及时退货。

（二）无理由退货：经营者采用网络、电视、电话、邮购等方式销售商品，消费者有权自收到商品之日起七日内退货，且无须说明理由，但消费者定作、鲜活易腐的、在线下载或者消费者拆封的音像制品、计算机软件等数字化商品、交付的报纸、期刊等不适用。

（三）不合格商品退货：依法经有关行政部门认定为不合格的商品，消费者要求退货的，经营者应当负责退货。

爆!!
买的电视机爆炸了，我受伤了，经营者该不该赔偿我的医药费？
必须赔偿。
王律师

# 经营者的侵权责任

经营者提供商品或服务，造成消费者或者其他受害人人身伤害的，应当支付医疗费、治疗期间的护理费、因误工减少的收入等费用；造成残疾的，还应支付残疾者生活辅助具费、生活补助费、残疾赔偿金以及由其抚养的人所必需的生活费等费用；造成消费者或其他受害人死亡的，应当支付丧葬费、死亡赔偿金以及由死者生前抚养的人所必需的生活费用。经营者提供商品或者服务侵犯消费者人格尊严、人身自由甚至有侮辱诽谤、搜查身体等情形的，经营者应当停止侵害、恢复名誉、消除影响、赔礼道歉，并赔偿损失；造成严重精神损害的，受害人可以要求精神损害赔偿。

家具也损坏了，能赔偿吗？
可以的。
王律师
经营者提供商品或者服务，造成消费者财产损害的，应当以修理、重作、更换、退货、补足商品数量、退还货款和服务费用或者赔偿损失等方式承担民事责任。

那是广告，有点夸大是正常的！
你们厂打广告的“特效药”是保健品，根本不能治病，你这是欺诈行为，你们要三倍赔偿我！
这是欺诈行为。欺诈行为是指经营者在提供商品或服务中，故意告知消费者虚假情况或者故意隐瞒真实情况，诱使消费者作出错误意思表示的行为，如虚假宣传、以次充好等。经营者提供商品或者服务有欺诈行为的，应当按照消费者的要求增加赔偿其受到的损失，增加赔偿的金额为消费者购买商品的价款或者接受服务的费用的三倍；增加赔偿的金额不足五百元的，为五百元。法律另有规定的，依照其规定。
百货公司
客户服务中心

我买了不符合食品安全标准的牛奶，也能要求厂家三倍赔偿吗？
这个属于食品，法律规定，最高十倍赔偿。
消费者协会
纯牛奶

根据《食品安全法》第一百四十八条的规定，生产不符合食品安全标准的食品或者经营明知是不符合食品安全标准的食品，消费者除要求赔偿损失外，还可以向生产者或者经营者要求支付价款十倍或者损失三倍的赔偿金；增加赔偿的金额不足一千元的，为一千元。但是，食品的标签、说明书存在不影响食品安全且不会对消费者造成误导的瑕疵的除外。

伪劣商品给我带来了损害，你要赔偿我的损失。
我只负责销售，哪管真假？这个东西又不是我生产的，你找厂家去。
又不是我卖给你的，谁卖给你的找谁去！

销售商、生产商之间
踢皮球该怎么办？
你既可以找销售者，
也可以找生产者。
王律师

消费者或者其他受害人因商品缺陷造成人身、财产损害的，销售者、生产者承担连带赔偿责任，消费者既可以要求销售者赔偿，也可以要求生产者赔偿。

消费者购买商品或者接受服务，其合法权益受到侵害，除实际经营者应承担赔偿责任外，其他可能承担相应民事责任的主体包括出租出借营业执照的营业执照持有人、展销会举办者、柜台出租者、网络平台、广告经营者、形象代言人等。

## 风险防范警示

1 经营者应当恪守诚实守信原则，确保商品和服务质量，杜绝虚假宣传和商业欺诈，切实保障消费者合法权益。

2 产品或服务有瑕疵或造成损害时，生产者、经营者应按照法律、法规的规定承担责任，经营者维护自身合法权益时，要采取合法手段和途径。

# 第十章 票据行为法律风险

## 南海银行与大丰公司票据纠纷案

2015 年 10 月 9 日，大丰公司开出金额 2600 万元的银行承兑商业汇票一张，载明收款人为福运公司，付款人为南海银行。银行承兑汇票到期后，南海银行按照福运公司的申请，承兑付款 2600 万元。由于大丰公司没能把资金及时支付给南海银行，南海银行遂向法院提起诉讼，要求大丰公司偿还 2600 万元垫付款及相应利息。法院经审理，判决大丰公司支付南海银行 2600 万元。

典型案例

什么是票据？
票据是依据法律按照规定形式制成的并显示有支付金钱义务的凭证。广义上，票据包括各种有价证券和凭证，如股票、国库券、企业债券、发票、提单等；但狭义上的票据则仅指票据法上规定的汇票、本票和支票三类。

甲公司欠乙公司货款，甲给乙开票据一张，委托某银行付钱给乙公司，这是汇票。
王老师，什么是汇票啊？
汇票是出票人签发的，委托付款人在见票时或者在指定日期无条件支付确定的金额给收款人或者持票人的票据。汇票分为银行汇票和商业汇票。
银行汇票
票　样

那什么是本票呢？
某银行开一张票据给甲，承诺自己到时付款给甲或其他持有票据的人，这是本票。
本票是出票人签发的，承诺自己在见票时无条件支付确定的金额给收款人或者持票人的票据。我国票据法规定的本票，是指银行本票。
中国建设银行
本 票
票 样

支票又是什么呢?
甲公司欠乙公司货款，甲给乙开票据一张委托某银行从甲的存款账户中划款付给乙公司，这是支票。
支票是出票人签发的，委托办理支票存款业务的银行或者其他金融机构在见票时无条件支付确定的金额给收款人或者持票人的票据。
中国建设银行现金支票

我认为票据上的出票人签章必须是签字加盖章。
我认为是签字，或者盖章，或者是签字加盖章。
李明
张军
张军同学是对的。
出票人在票据上签章是票据的必须记载事项，否则票据无效。

国建设银行
您这张票据内容不全，票据上没有“汇票”字样、没有付款人和出票日期，不能承兑。
这张汇票为什么不给我承兑？
汇票上必须写明“汇票”字样，要有无条件支付委托、金额、付款人、出票日期、出票人签章。缺少一项，汇票无效。
业务办理
中国建设银行
票　样
票据上没有“汇票”字样
没有付款人和出票日期

这张支票为什么不给入账？
票面上汉字大写的金额和阿拉伯数字写的不一样，而且还涂改了。这样的支票无效，你可以找大丰公司重开支票。
票据金额要用中文大写和阿拉伯数字同时写，而且必须一致，否则票据无效。票据金额、日期、收款人名称不能涂改，涂改无效。
中国建设银行 现金支票
叁万圆整
25000

经理，我把汇票弄丢了，是不是挂失止付就可以了？
挂失止付后，银行暂时不会付款，但你要及时申请公示催告，或者提起诉讼。
经理

《票据法》第十五条规定：票据丧失，失票人可以及时通知票据的付款人挂失止付，但是，未记载付款人或者无法确定付款人及其代理付款人的票据除外。收到挂失止付通知的付款人，应当暂停支付。失票人应当在通知挂失止付后三日内，也可以在票据丧失后，依法向人民法院申请公示催告，或者向人民法院提起诉讼。
挂失
银行

我的汇票背书不连续，汇票会无效吗？
汇票背书应当连续，如果不连续，只要你的汇票是合法取得的，汇票本身有效。
国建设银行
银行咨询

银行不给我付款，我应该找谁要汇票上的钱呢？
你可以要求给你汇票的朋友付款。
建设银行
银行咨询
背书是在票据背面或者粘单上写明有关事项并签章。背书人通过背书转让汇票后，应当保证其后取得汇票的人能得到承兑和付款。背书要连续，且不得附条件。

我公司为红星公司保证的5000万元汇票，已清偿汇票债务，现在要求红星公司把5000万元和利息还给我们公司。
我公司没让你提供保证，票据上没有写明“保证”字样，也没有写明保证人。这个钱我们不付。
原告
被告

汇票保证人必须在汇票或者粘单上记载“保证”的字样、保证人名称和住所、被保证人的名称、保证日期、保证人签章。单独签订书面汇票保证合同不能产生汇票保证责任。

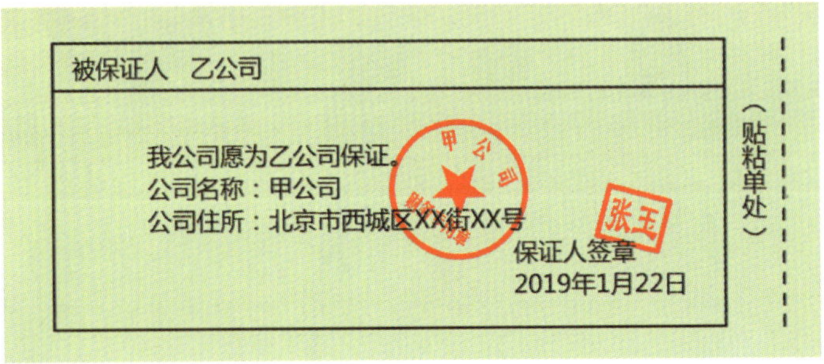
被保证人　乙公司

我公司愿为乙公司保证。
公司名称：甲公司
公司住所：北京市西城区XX街XX号

保证人签章
2019年1月22日

（贴粘单处）

客户付给我 400 万元商业汇票货款，我怎么要求付款人付钱呢？
你要先向付款人即银行提示付款。
见票即付的汇票，自出票日起一个月内向付款人提示付款；定日付款、出票后定期付款或者见票后定期付款的汇票，自到期日起十日内要向承兑人提示付款。
律师

你要在汇票上签收，然后再将汇票交给付款人。
我获得付款后，直接把汇票给付款人吗？
律师
你可以委托银行收款。银行收款后会把收款转到你的账户。
我太忙了，没有时间自己去提示付款怎么办？

律师，我拿这张汇票到银行，银行不给付款怎么办?
你可以找票据上的背书人、出票人等。不过要提供被拒绝承兑或者被拒绝付款的有关证明。
承兑或者付款被拒绝的，承兑人或者付款人必须出具拒绝证明，或者出具退票理由书。如果承兑人或者付款人死亡、逃匿、破产、被行政处罚等，也可以出具相关证明或文书。
律师

汇票上许多背书，我到底找哪一个人呢？
出票人、所有背书人承担连带责任，你随便找哪一个都行。
如果小周自己也在票据上做过背书，那么在这之后背书的人，小周不可以要求其承担责任。

中国建设银行
我公司想申请开立支票账户。
可以。请提供公司的合法证件，在支票账户里存一定资金，预留签名样式和印鉴。
业务办理

支票有现金支票、转账支票和普通支票。现金支票专门提取现金，不可以背书转让；转账支票专门办理转账结算使用，可以背书转让；普通支票的持票人可以请求银行支付现金，也可以请求银行转账，还可以背书转让。

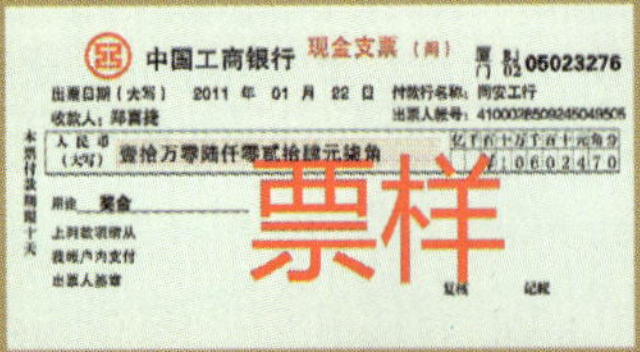


现金支票

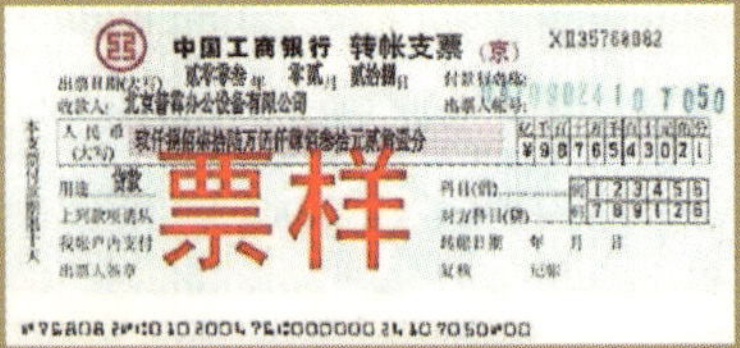


转账支票

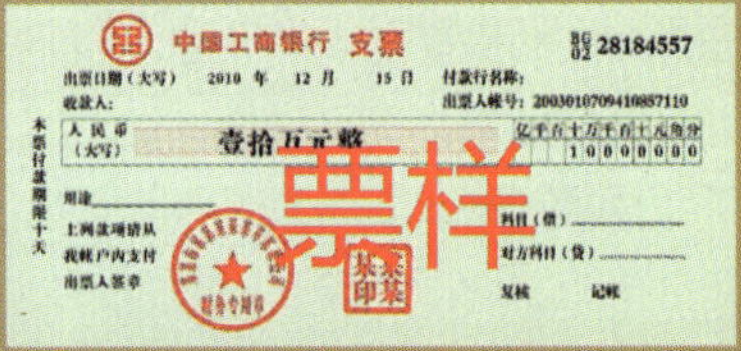


普通支票

为防止客户不按时给我们公司发货，我们在支票上写明付款时间，请你们银行按照我们写的付款时间付款。
支票都是见票即付的，不能有时间限制。
业务办理

这张支票给你，收款人和金额，你根据我们的协议自己填上。
好的。
法律规定，支票上的金额可以由出票人授权补记，未补记前的支票，不得使用。支票上未记载收款人名称的，经出票人授权，可以补记。

这是支票，麻烦你们付款。
建设银行
对不起，你这张支票金额超过出票人的存款数额，我们无法支付。
业务办理

空头支票，是指支票持有人请求付款时，出票人在付款人处实有的可供实际支配的存款不足以支付票据金额的支票。对签发空头支票骗取财物的，要依法追究刑事责任。如果签发空头支票骗取财物的行为情节轻微，尚不构成犯罪的，要依照国家有关规定给予行政处罚。

# 风险防范警示

1 企业在业务往来中，一定要了解对方客户的资信，做到防患于未然。对客户提交的票据要委托银行查实，以确保资金结算安全。

2 票据的出票、背书、保证、提示付款等行为都要依法进行，以免产生纠纷。收到票据时，要查看必填内容是否完备、背书是否连续、是否超期等。

图书在版编目(CIP)数据

案说民营企业法律风险. 民事篇 / 柴学友等著. --
北京 : 法律出版社, 2019(2019.8 重印)
ISBN 978 - 7 - 5197 - 3477 - 0

Ⅰ. ①案… Ⅱ. ①柴… Ⅲ. ①民营企业—企业法—案例—中国②民法—案例—中国 Ⅳ. ①D922.291.915 ②D923.05

中国版本图书馆 CIP 数据核字(2019)第 086819 号

**案说民营企业法律风险(民事篇)**
**ANSHUO MINYING QIYE FALÜ FENGXIAN(MINSHIPIAN)**

柴学友 李卫国 刘小勤 等著

责任编辑 李 群 陈 熙
装帧设计 鲍龙卉

**出版** 法律出版社
**编辑统筹** 法规出版分社
**开本** 32K
**版本** 2019 年 5 月第 1 版

**总发行** 中国法律图书有限公司
**责任印制** 吕亚莉
**印张** 10.25
**印次** 2019 年 8 月第 2 次印刷

**经销** 新华书店
**印刷** 中煤(北京)印务有限公司
**字数** 20 千

法律出版社/北京市丰台区莲花池西里 7 号(100073)
网址/www.lawpress.com.cn
投稿邮箱/info@lawpress.com.cn
销售热线/400 - 660 - 8393
举报维权邮箱/jbwq@lawpress.com.cn
咨询电话/010 - 63939796

中国法律图书有限公司/北京市丰台区莲花池西里 7 号(100073)
全国各地中法图分、子公司销售电话:
统一销售客服/400 - 660 - 8393/6393
第一法律书店/010 - 83938432/8433
西安分公司/029 - 85330678
重庆分公司/023 - 67453036
上海分公司/021 - 62071639/1636
深圳分公司/0755 - 83072995

**书号:**ISBN 978 - 7 - 5197 - 3477 - 0
**定价:**59.00 元